가만히 눈 감으면 등불처럼 환해지고
그대 모습 떠올리기만 해도 가슴 따뜻해지는 이 마음을
당신에게 건넵니다.

님께

드림

사랑하니까,
괜찮아

그대를 사랑하고부터 세상은 온통 발그레한 꽃물빛입니다.

프롤로그

사랑하니까,

우리가 사는 곳은 사계절이 참 뚜렷합니다. 만약 내내 여름이거나 겨울인 곳이라면 다른 계절은 기다리지도, 아니, 기다릴 줄도 몰랐겠지요. 하지만 여름이 지나면 가을이 오고, 겨울이 지나면 다시 봄이 올 것을 알기에 우리는 기다림을 알고, 희망을 압니다.

사랑은 우리의 계절을 닮았습니다. 봄처럼 설레는 마음이, 여름처럼 싱그럽게 영글다가도, 가을의 낙엽처럼 속절없이 떨어져버리면 그 자리에는, 하얀 눈의 겨울처럼 가슴 시린 그리움만 남지요. 그러나 한때 아프던 사랑도, 때가 되면 봄이 오듯 다시 새싹이 돋을 거라는 걸 알기에 우리는 오늘도 사랑을 합니다.

사랑을 담은 시가 있습니다. 봄여름가을겨울의 우리 사랑을 닮아서 더 가슴 찡한 사랑의 시가 있습니다. 그런데 참 신기합니다. 내 마음 같아서 한 번, 우리 사랑과 닮아서 또 한 번, 그렇게 자꾸자꾸 읽다보면 내 마음은 어느새 그대에게 달려가고 있습니다.

고백하렵니다, 오늘은. 내 생애 가장 눈부신 이름은 바로 당신이라고. 우리 사랑이 계절과 함께 흐르다 어느 날 시린 겨울을 맞게 되더라도 괜찮다고. 봄이 다시 올 테니 괜찮다고. 사랑하니까, 다 괜찮다고….

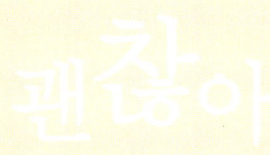

차례

1. 설레는 봄 _ 내가 늘 그리던 사랑이 저만치서 옵니다

내가 사랑하는 당신은 | 도종환 …14
기도 | 원태연 …16
사랑에게 | 김석규 …18
짝사랑 | 김기만 …19
늘 보고 싶어요 | 김용택 …20
너에게 띄우는 글 | 작자 미상 …22
그대에게 가고 싶다 | 안도현 …24
당신에게 | 강우혁 …26
편지 | 남유정 …27
당신은 내 꿈이에요 | R. 라이트 모어 …28
희망을 위하여 | 곽재구 …30
사랑 | 김지하 …32
말하지 않은 말 | 유안진 …33
가정법 고백 | 박상천 …34
미움조차 예뻐지는데 | 왕국진 …35
일방통행 | 목필균 …36
전화 | 마종기 …37
사랑스런 당신 생각 | 앤드류 토니 …38
너를 기다리는 동안 | 황지우 …40
사랑 | 손주일 …42

2. 행복한 여름_ 그대와 나의 사랑이 세상에 가득합니다

보고 싶다는 말은   이해인 …46

만나면 편한 사람   용혜원 …48

나무가 바람에게   문정희 …50

그 숲에 당신이 왔습니다   김용택 …52

사랑하는 사람을 만난 후에   손상렬 …54

편지   주장환 …56

너무 많은 행복   이생진 …57

농담   유하 …58

사랑이 올 때   신현림 …59

그대를 사랑하는   서정윤 …60

사랑은 큰 일이 아닐 겁니다   박철 …62

사랑의 되뇌임   R. 브라우닝 …64

내 마음의 고삐   정채봉 …66

사랑할 때는   윤준경 …69

너희 사랑   신경림 …70

당신이 날 사랑해야 한다면   E. B. 브라우닝 …72

처음엔 당신의 착한 구두를 사랑했습니다   성미정 …73

아니다, 아니다   김대규 …74

그대에게   안도현 …75

그 누가 알겠는가 사랑을   롱사르 …78

3. 아픈 가을_ 돌아서서 걷는 마음에 바람이 붑니다

마음의 지도* | 이문재 …82

편지 | 김남조 …83

그대 귓가에 닿지 못한 한마디 말 | 정희성 …84

서리꽃 | 유안진 …86

그대 없이는 | 헤르만 헤세 …88

不醉不歸 | 허수경 …90

은행나무 그늘 | 백기만 …92

별과의 일박 | 이성목 …94

사랑한 뒤에 | 시먼즈 …96

불면 | 안현희 …97

그 사랑에 대해 쓴다 | 유하 …98

그대가 내게 보내는 것 | 박재삼 …100

네가 가던 그 날은 | 김춘수 …101

빈 집 | 기형도 …102

고엽 | J. 프레베르 …103

헤어지고 싶지 않아요 | R. 브리지즈 …106

이렇게 될 줄을 알면서도 | 조병화 …108

그 섬에 가고 싶다 | 옥영경 …110

한 여자를 사랑했습니다 | 원태연 …112

당신은 아십니까 | 이준호 …114

사랑 | 이산하 …117

4. 그리운 겨울_ 그대 그리운 마음이 노래가 됩니다

백치 애인 신달자 ··· 120

비가 유하 ··· 124

문디 눈사람 양전형 ··· 125

그대의 별이 되어 허영자 ··· 126

그리움 유치환 ··· 128

오늘 같은 날 남유정 ··· 129

즐거운 편지 황동규 ··· 130

나룻배와 행인 한용운 ··· 131

첫눈 김윤희 ··· 132

겨울 사랑 문정희 ··· 133

연거푸 세 번 울리다 만 전화 한소원 ··· 134

너의 목소리 오세영 ··· 136

봄비가 내리면 강우혁 ··· 138

그만입니다 박성빈 ··· 140

무수한 너 이승훈 ··· 142

편지 이성복 ··· 144

나 빈 가슴으로 간다 손남태 ··· 146

Love Letter 김대규 ··· 148

너를 사랑하는 이유 손남태 ··· 150

사랑해보지 않은 사람은 모릅니다 이준호 ··· 152

책장을 넘기며 오세영 ··· 154

사랑은 끝이 없다네 박노해 ··· 156

해 뜨는 아침에는
나도 맑은 사람이 되어 그대에게 가고 싶다

설레는 봄

내가 늘 그리던 사랑이

저만치서 옵니다

내가 사랑하는 당신은

도종환

저녁숲에 내리는 황금빛 노을이기보다는
구름 사이에 뜬 별이었음 좋겠어
내가 사랑하는 당신은
버드나무 실가지 가볍게 딛으며 오르는 만월이기보다는
동짓달 스무 날 빈 논길을 쓰다듬는 달빛이었음 싶어.

꽃분에 가꾼 국화의 우아함보다는
해가 뜨고 지는 일에 고개를 끄덕일 줄 아는 구절초이었음해.
내 사랑하는 당신이 꽃이라면
꽃 피우는 일이 곧 살아가는 일인
콩꽃 팥꽃이었음 좋겠어.

이 세상의 어느 한 계절 화사히 피었다
시들면 자취 없는 사랑 말고
저무는 들녘일수록 더욱 은은히 아름다운
억새풀처럼 늙어갈 순 없을까
바람 많은 가을 강가에 서로 어깨를 기댄 채

우리 서로 물이 되어 흐른다면
바위를 깎거나 갯벌 허무는 밀물 썰물보다는
물오리떼 쉬어가는 저녁 강물이었음 좋겠어
이렇게 손을 잡고 한세상을 흐르는 동안
갈대가 하늘로 크고 먼바다에 이르는 강물이었음 좋겠어.

기도

원태연

그 사람 아마도
무엇 하나 잘 해내지 못하는 사람일 겁니다
그리고 그 사람 누구 하나 마음 기댈 곳 없는 사람일 겁니다
그래서 그 사람
언제나 어느 순간에서나
이가 시린 외로움에 떨고 있는 사람일 겁니다
그런 사람 내게 보내 주십시오
너무나 필요한 사람입니다

하나는 해줄 줄 아는 사람
아무것도 못하지만
나를 위해 울어는 줄 수 있는 사람
그런 사람과 사랑하며 살다 죽고 싶습니다
나와 같은 사람, 꼭 같은 사람
그런 사람 만나
사랑만 하며 살다 죽고 싶습니다

사랑에게

김석규

바람으로 지나가는 사랑을 보았네
언덕의 미류나무 잎이 온몸으로 흔들릴 때
사랑이여 그런 바람이었으면 하네
붙들려고도 가까이서 얼굴을 보려고도 하지 말고
그냥 지나가는 소리로만 떠돌려 하네
젖은 사랑의 잔잔한 물결
마음 바닥까지 다 퍼내어 비우기도 하고
스치는 작은 풀꽃 하나 흔들리게도 하면서
사랑이여 흔적 없는 바람이었으면 하네

짝사랑

김기만

우연히 마주치고 싶은 사람이 있다네.
환한 봄날 꽃길을 거닐다가
플라타너스 그늘 길을 따라 걷다가
은행잎 떨어지는 아스팔트를 밟다가
겨울비 오시는 하늘 아래에서도

스쳐지고 싶은 사람이 있다네.
만나지고 싶은 사람이 있다네.
그저 온종일 기다려도 좋을
아름다운 사람이 있다네.

늘 보고 싶어요

김용택

오늘
가을산과 들녘과 물을 보고 왔습니다
산골 깊은 곳
작은 마을 지나고
작은 개울들 건널 때
당신 생각 간절했습니다
산의 품에 들고 싶었어요, 깊숙이
물의 끝을 따라 가고 싶었어요
물소리랑 당신이랑 한없이

늘 보고 싶어요
늘 이야기하고 싶어요
당신에겐 모든 것이 말이 되어요
십일월 초하루 단풍 물든 산자락 끝이나
물굽이마다에서
당신이 보고 싶어서,
당신이 보고 싶어서 가슴 저렸어요

오늘
가을산과 들녘과 물을 보고
하루 왼종일
당신을 보았습니다.

너에게 띄우는 글

작자 미상

사랑하는 사람이기보다는 진정한 친구이고 싶다.
다정한 친구이기보다는 진실이고 싶다.
내가 너에게 아무런 의미를 줄 수 없다 하더라도
너는 나에게 만남의 의미를 전해 주었다.
순간의 지나가는 우연이기보다는 영원한 친구로
남고 싶었다.
언젠가는 헤어져야 할 너와 나이지만
아름다운 추억으로 남을 수 있는 친구이고 싶다.

모든 만남이 그러하듯
너와 나의 만남을 영원히 간직하기 위해 진실로
너를 만나고 싶다.
그래, 이제 더 나이기보다는 우리이고 싶었다.
우리는 아름다운 현실을 언제까지 변치 않는
마음으로 접어두자.

비는 싫지만 소나기는 좋고
인간은 싫지만 너만은 좋다.

내가 새라면 너에게 하늘을 주고
내가 꽃이라면 너에게 향기를 주겠지만
나는 인간이기에 너에게 사랑을 준다.

그대에게 가고 싶다

안도현

해 뜨는 아침에는
나도 맑은 사람이 되어
그대에게 가고 싶다
그대 보고 싶은 마음 때문에
밤새 퍼부어대던 눈발이 그치고
오늘은 하늘도 맨처음인 듯 열리는 날
나도 금방 헹구어낸 햇살이 되어
그대에게 가고 싶다
그대 창가에 오랜만에 볕이 들거든
긴 밤 어둠 속에서 캄캄하게 띄워 보낸
내 그리움으로 여겨다오
사랑에 빠진 사람보다 더 행복한 사람은
그리움 하나로 무장무장
가슴이 타는 사람 아니냐
진정 내가 그대를 생각하는 만큼
새날이 밝아오고
진정 내가 그대 가까이 다가가는 만큼
이 세상이 아름다워질 수 있다면

그리하여 마침내 그대와 내가
하나되어 우리라고 이름 부를 수 있는
그날이 온다면
봄이 올 때까지는 저 들에 쌓인 눈이
우리를 덮어줄 따뜻한 이불이라는 것도
나는 잊지 않으리
사랑이란
또 다른 길을 찾아 두리번거리지 않고
그리고 혼자서는 가지 않는 것
지치고 상처입고 구멍난 삶을 버리고
그대에게 가고 싶다
우리가 함께 만들어야 할 신천지
우리가 더불어 세워야 할 나라
사시사철 푸른 풀밭으로 불러다오
나도 한 마리 튼튼하고 착한 양이 되어
그대에게 가고 싶다

당신에게

강우혁

때론,

당신이 많이 아팠으면 좋겠습니다

당신이 많이 힘들었으면 좋겠습니다

작은 어려움에도 쉽게 쓰러지고

가만가만한 슬픔에도 금방 눈물을 쏟는

그런 서툰 사람이었으면 좋겠습니다

그렇게 끊임없이

당신을 사랑해야 할 의무를

내게 주셨으면 좋겠습니다

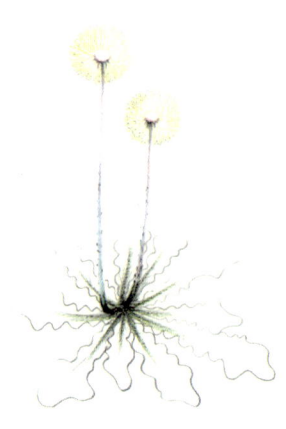

편지

남유정

그대 마음에
꽃 한 송이 피고
그대 마음에
달 떠오르면
내 마음도 그런 줄 아세요

그대 마음에
바람 불고
그대 마음에
나뭇잎 지면
내 마음도 그런 줄 아세요

당신은 내 꿈이에요

R. 라이트 모어

나를 참으로 걱정해 주는
그 누군가를 찾을 수 없던 그때
나는 두려웠어요

최소한 나는 나에게
완벽한 누군가를 원했지요

나에게만 특별히 친절하게 말해주고
나의 얘기를 달콤하게 들어주고
웃어도 울어도 걱정해 주는
친절과 이해

내 가슴에서 기쁨과 흥분으로
뛰노는 그 누군가를

그렇게 추측과 기대는 많았지만
나는 믿지 않았어요

그리고 어느 날
어느 누군가의 매우 특별한 마법이
나의 삶으로 들어왔을 때
나는 믿기 시작했어요

나의 기다림과 고독과 체념은
가치 있는 것이 되었지요
진정으로 가치 있는 것이 되었어요

그래요
내가 원했던 소망하던 이는 꿈이 아니라
현실로 내게 온 거예요

그가 바로 당신이지요.

희망을 위하여

곽재구

너를 사랑한다고 말할 수 있다면
굳게 껴안은 두 팔을 놓지 않으리
너를 향하는 뜨거운 마음이
두터운 네 등 위에 내려앉는
겨울날의 송이눈처럼 너를 포근하게
감싸 껴안을 수 있다면
너를 생각하는 마음이 더욱 깊어져
네 곁에 누울 수 없는 내 마음조차 더욱
편안하여 어머니의 무릎잠처럼
고요하게 나를 누일 수 있다면

그러나 결코 잠들지 않으리
두 눈을 뜨고 어둠 속을 질러오는
한세상의 슬픔을 보리
네게로 가는 마음의 길이 굽어져
오늘은 그 끝이 보이지 않더라도
네게로 가는 불빛 잃은 발걸음들이
어두워진 들판을 이리의 목소리로 울부짖을지라도
너를 사랑한다고 말할 수 있다면
굳게 껴안은 두 손을 풀지 않으리.

사평역에서/창작과 비평사

사랑

김지하

누굴 보듬어 안을 만큼
팔이 길었으면 좋겠는데
팔이 몸통 속에 숨어서
나오기를 꺼리니
손짓도 갈고리마저 없이
견디는 날들은 끝도 없는데
매사에 다 끝이 있다 하니
기다려볼 수밖에
한 달 짧으면
한 달 길다 했으니
웃을 수밖에
커다랗게 웃어
몸살로라도 다가가
팔 내밀어 보듬어볼 수밖에.

말하지 않은 말

유안진

말하고 나면 그만
속이 텅 비어버릴까봐
나 혼자만의 특수성이
보편성이 될까봐서
숭고하고 영원할 것이
순간적인 단맛으로 전락해버릴까봐서
거리마다 술집마다 아우성치는 삼사류로
오염될까봐서
'사랑한다' 참 뜨거운 이 한마디를
입에 담지 않는 거다
참고 참아서 씨앗으로 영글어
저 돌의 심장 부도 속에 고이 모셔져서
뜨거운 말씀의 사리가 되어라고.

가정법 고백

박상천

사랑 고백을 해 본 사람은 안다.
그 한 마디를 입에서 꺼내기가
얼마나 어려운 지를.
사랑 고백을 해 본 사람은 안다.
김승옥이 무진기행에서
'〈사랑한다〉라는 그 국어의 어색함' 이라고 했던 의미를.

고등학교 시절 나는 그녀에게 고백하고 싶었다. '나는 너를 사랑한다' 고. 가슴에 눌러둔 그 한 마디를 하지 못하면 말 그대로 죽어버릴 것 같았다. 그녀를 집까지 바래다 주며 그 한 마디를 하고 싶었지만 입안의 침만 마를 뿐, 입 밖으로 꺼낼 수가 없었다.

얼굴이 희미하게 보이는 어두운 골목길에 이르러 그녀에게 고백했다.

'내가 너를 사랑한다면 어쩌겠니'
오, 어리석었던
가정법 고백.

미움조차 예뻐지는데

왕국진

그대 알게 된 그날부터
그대 이름 가슴 깊이 새겼어
산과 들이 먹는 나이만큼
세월이 뻗어가는 길이만큼
그대 기억도 영원할 거야

외진 길에서 하필
표지판을 찾아선 무얼해?
그대가 내 길의 인도자인데…

달빛 아래에서 하필
시를 읊어선 무얼해?
그대가 내 마음속 한 편의 서정시인데…

그댈 미워해서 무얼해?
미움조차 하필 좋아지는데…

일방통행

목필균

허락 없이 글을 올려 죄송합니다. 늘 불법으로 침입해서 광고를 남겨야 먹고삽니다. 죄송합니다. 게시판 성격에 부적합하면 삭제시켜 주시기 바랍니다. 비밀번호는 9999입니다. 번거롭게 해드려서 죄송합니다.

허락 없이 이 방을 드나들어서 죄송합니다. 제가 그대를 생각하는 마음이 부적절한 것은 알고 있지만, 때없이 다가서고만 싶은 마음 어찌지 못하고 있습니다. 저를 삭제시킬 비밀번호도 없습니다. 죄송합니다. 허락 없이 그대를 사랑해서 죄송합니다.

전화

마종기

당신이 없는 것을 알기 때문에
전화를 겁니다.
신호가 가는 소리.

당신 방의 책장을 지금 잘게 흔들고 있을 전화 종소리, 수화기를 오래 귀에 대고 많은 전화 소리가 당신 방을 완전히 채울 때까지 기다립니다. 그래서 당신이 외출에서 돌아와 문을 열 때, 내가 이 구석에서 보낸 모든 전화 소리가 당신에게 쏟아져서 그 입술 근처나 가슴 근처를 비벼대고 은근한 소리의 눈으로 당신을 밤새 지켜볼 수 있도록.

다시 전화를 겁니다.
신호가 가는 소리.

사랑스런 당신 생각

앤드류 토니

당신도 어렴풋이 알겠지만
모두 당신 탓입니다.
오늘 전 아무 일도 할 수 없었어요.
무슨 일을 하려고만 하면
당신 생각이 나서요.

처음엔 살며시, 그러다가
내 가슴은 온통 당신 생각에
어찌할 바를 모르지요.
포근하다는 생각,
멋지다는 생각,
정말 사랑스럽다는 생각으로…

하지만 그런 생각은 떨쳐내야죠.
전 오늘 해야 할 일이 무척 많거든요.

그래서 말인데요.
전 지금 아주 중요한 일부터 시작해야겠어요.

먼저 당신에게 말해야겠어요.
제가 얼마나 당신을 원하고
당신이 제게 얼마나 필요한지
그리고 제가
얼마나 얼마나
당신을 사랑하는지 말해야겠어요.

너를 기다리는 동안

황지우

네가 오기로 한 그 자리에
내가 미리 가 너를 기다리는 동안
다가오는 모든 발자국은
내 가슴에 쿵쿵거린다
바스락거리는 나뭇잎 하나도 다 내게 온다
기다려본 적이 있는 사람은 안다
세상에서 기다리는 일처럼 가슴 애리는 일 있을까
네가 오기로 한 그 자리, 내가 미리 와 있는 이곳에서
문을 열고 들어오는 모든 사람이
너였다가
너였다가, 너일 것이었다가
다시 문이 닫힌다
사랑하는 이여
오지 않는 너를 기다리며
마침내 나는 너에게 간다

아주 먼 데서 나는 너에게 가고
아주 오랜 세월을 다하여 너는 지금 오고 있다
아주 먼 데서 지금도 천천히 오고 있는 너를
너를 기다리는 동안 나도 가고 있다
남들이 열고 들어오는 문을 통해
내 가슴에 쿵쿵거리는 모든 발자국 따라
너를 기다리는 동안 나는 너에게 가고 있다.

게 눈 속의 연꽃/1994/문학과 지성사

사랑

손주일

이제 나는
겨우 사랑하나 보다.
삼십이 다 되어서야,
도무지 영문 모를 청춘의 시절이 다 지난 후에야,
저렇게 푸르게 빛나는 봄빛 맞으며
아지랑이 지피어오르는 숨소리로
사랑을 간직하려나 보다.
뜻밖의 영감으로 다가선
이 가냘픈 사랑이
왁자지껄 사라진 길가에서
꼿꼿이 세운 두 눈을 본다.
이 봄 여름되고
가을도 겨울이듯
마주 선 사랑을 읽으며
두 어깨 위에 서린 아련한 눈을 본다.
이젠 사랑을 맞이하나 보다.

나는 너를 사랑한다

사랑할 때는 꽃도 못보고 사랑밖에는 아무것도 못했네

행복한 여름

그대와 나의 사랑이
　　　세상에 가득합니다

보고 싶다는 말은

이해인

생전 처음 듣는 말처럼
오늘은 이 말이 새롭다

보고 싶은데……

비 오는 날의 첼로 소리 같기도 하고
맑은 날의 피아노 소리 같기도 한
너의 목소리

들을 때마다
노래가 되는 말
평생을 들어도
가슴이 뛰는 말

사랑한다는 말보다
더 감칠맛 나는
네 말 속에 들어 있는
평범하지만 깊디깊은
그리움의 바다

보고 싶은데……

나에게도
푸른 파도 밀려오고
내 마음에도 다시
새가 날고……

만나면 편한 사람

용혜원

그대를 생각하면
마음이 따뜻해집니다
그대의 얼굴만 보고 있어도
마음이 편안해집니다

그대는 내 삶에
잔잔히 사랑이 흐르게 하는
힘이 있습니다

그대를 기다리고만 있어도 좋고
만나면 오랫동안 함께
속삭이고만 싶습니다

마주 바라보고만 있어도 좋고
영화를 보아도 좋고
커피 한잔에도 행복해지고
함께 거리를 걸어도 편한 사람입니다

멀리 있어도 가까이 있는 듯 느껴지고
가까이 있어도 부담을 주지 않고
언제나 힘이 되어주고
쓸데없는 걱정은 하지 않아도 됩니다

한도 끝도 없이 이어지는 이야기 속에
잔잔한 웃음을 짓게 하고
만나면 편안한 마음에
시간이 흘러가는 속도를 잊어버리도록
즐겁게 만들어줍니다

그대는 내 남은 사랑을 다 쏟아
사랑하고픈 사람
내 소중한 꿈을 이루게 해주기에
만나면 만날수록 편안합니다

그대는 내 삶에
잔잔한 정겨움이 흐르게 하는
힘이 있습니다

나무가 바람에게

문정희

어느 나무나
바람에게 하는 말은
똑같은가 봐

"당신을 사랑해"

그래서 바람 불면
나무는 몸을 흔들고
봄이면 똑같이 초록이 되고

당·신·을·사·랑·해

그 숲에 당신이 왔습니다

김용택

그 숲에 당신이 왔습니다
나 홀로 걷는 그 숲에 당신이 왔습니다 어린 참나무 잎이 지기 전에 그대가
와서 반짝이는 이슬을 텁니다 나는 캄캄하게 젖고
내 옷깃은 자꾸 젖어 그대를 돌아봅니다 어린 참나무 잎이 마르기 전에도
숲에는 새들이 날고 바람이 일어 그대를 향해 감추어두었던 길 하나를
그대에게 들킵니다 그대에게 닿을 것만 같은 아슬아슬한 내 마음 가장자리에서
이슬이 반짝 떨어집니다

산다는 것이나

사랑한다는 일이나 그러한 것들이 때로는 낯설다며 돌아다보

면 이슬처럼 반짝 떨어지는 내

슬픈 물음이 그대 환한 손등에 젖습니다 사랑합니다 숲은

끝이 없고 인생도 사랑도 그러합니다

그 숲

그 숲에 당신이 문득 나를 깨우는 이슬로

왔습니다

사랑하는 사람을 만난 후

손상렬

지금까지 살아오면서
나는 내가 잠을 자는지
꿈을 꾸는지, 살았는지 죽었는지
모르고 살았습니다
나는 이 세상에 없었습니다

어느날 그대가
바람인 듯 별빛인 듯
내 마음을 두드렸습니다
대문 열어놓듯 내 속에 들어와서
가슴을 화알짝 열어놓았습니다

그때부터 내 속에서는
세상 흔들며 천둥치고 비 내리고
지진이 일어나고 화산이 폭발하고
파도와 해일이 일었습니다
나는 용광로 속 불같이
온 몸, 마음에 열이 나고

많이 많이 아팠습니다

나는 이제 볼 수 있습니다
지나가는 바람이 어떤 색깔인지,
하늘에 떠 있는 뭉게구름의 마음에는
어떤 비밀이 숨어 있는지,
왜 꽃들은 그렇게 아름다운지,
이슬과 별빛은 왜 그렇게 투명한지,
사람들이 왜 그렇게 절망하는지,
절망해야 하는지,

어느날 그대가
바람인 듯 별빛인 듯 다가와
나를 어루만진 후부터
나는 내가 이 세상에
살아있음을 깨달았습니다
여기에 저기에
모든 것이 살아있었습니다

편지

주장환

예기치 않았던
그대 편지
하늘의 별이
한 움큼
내려와
내게 앉는 듯했다
길모퉁이에서
떠들어 대는
아이들
그
말소리조차 싱그럽다
작은
풍선을 달고 하늘로
오르고 싶다.

너무 많은 행복

이생진

행복이 너무 많아서 겁이 난다
사랑하는 동안
행복이 폭설처럼 쏟아져서 겁이 난다

강둑이 무너지고
물길이 하늘 끝 닿은 홍수 속에서도
우리만 햇빛을 얻어 겁이 난다

겉으로 보아서는
아무것도 없는 너와 난데
사랑하는 동안에는
행복이 너무 많아 겁이 난다

농담

유하

그대 내 농담에 까르르 웃다
그만 차를 엎질렀군요
……미안해 하지 말아요
지나온 내 인생은 거의 농담에 가까웠지만
여태껏 아무것도 엎지르지 못한 생이었지만
이 순간, 그대 재스민 향기 같은 웃음에
내 마음 온통 그대 쪽으로 엎질러졌으니까요
고백하건대 이건 진실이에요

사랑이 올 때

신현림

흐드러지게 장미가 필 땐
시드는 걸 생각지 않고

술마실 때
취해 쓰러지는 걸 염려않고

사랑이 올 때
떠나는 걸 두려워하지 않으리

봄바람이 온 몸 부풀려갈 때
세월가는 걸 아파하지 않으리

오늘같이 젊은 날은 더 이상 없으리

아무런 기대없이 맞이하고
아무런 기약 없이 헤어진대도
봉숭아 꽃물처럼 기뻐
서로가 서로를 물들여가리

그대를 사랑하는

서정윤

내가 그대를 사랑하는 건
그대의 빛나는 눈만이 아니었습니다.

내가 그대를 사랑하는 건
그대의 따스한 가슴만이 아니었습니다.

가지와 잎, 뿌리까지 모여서
살아 있는 '나무'라는 말이 생깁니다.
그대 뒤에 서 있는 우울한 그림자,
쓸쓸한 고통까지 모두 보았기에
나는 그대를 사랑하지 않을 수 없었습니다.

그대는 나에게 전부로 와 닿았습니다.
나는 그대의 아름다움만 사랑하진 않습니다.

그대가 완벽하게 베풀기만 했다면
나는 그대를 좋은 친구로 대했을 겁니다.

하지만 그대는 나에게
즐겨 할 수 있는 부분을 남겨 두었습니다.
내가 그대에게 무엇이 될 수 있겠기에
나는 그대를 사랑합니다.

사랑은 큰 일이 아닐 겁니다

박철

사랑은 큰 일이 아닐 겁니다
사랑은 작은 일입니다
7월의 느티나무 아래에 앉아
한낮의 더위를 피해 바람을 불어 주는 일
자동차 클랙슨 소리에 잠을 깬 이에게
맑은 물 한 잔 건네는 일
그리고 시간이 남으면
손등을 한번 만져 보는 일

여름이 되어도 우리는
지난, 봄 여름 가을 겨울
작은 일에 가슴 조여 기뻐했듯이
작은 사랑을 나눕니다
큰 사랑은 모릅니다

태양계에서 가장 아름다운 별이라는
지구에서 큰 사랑은
필요치 않습니다

해 지는 저녁 들판을 걸으며
어깨에 어깨를 걸어 보면
그게 저 바다에 흘러넘치는
수평선이 됩니다
7월의 이 여름날
우리들의 사랑은
그렇게 작고, 끝없는
잊혀지지 않는 힘입니다

사랑의 되뇌임

R. 브라우닝

사랑한다고 한 번만 더 들려주세요
다시 한 번 더 그 말을 되뇌면
그대에겐 뻐꾸기 울음처럼 들리겠지만
기억해두세요
뻐꾸기 울음 없이는 결코
상큼한 봄이 연록빛 치장을 하고
산이나 들에,
계곡과 숲에 찾아오지 않아요

그대여,
칠흑 속에서 믿기 어려운
영혼의 목소리를 들은 저는
그 의심의 틈바구니 속에서
"사랑한다고 다시 한 번 말해주세요"
라고 외쳐봅니다

온갖 별들이 제각기 하늘을 수놓는다 해도
너무 많다고 두려워할 사람이 어디 있겠어요?
온갖 꽃들이 저마다 사철을 장식한다 해도
너무 많다고 두려워할 사람이 어디 있겠어요?

"사랑해, 사랑해, 사랑해"라고 말해주세요
그 달콤한 말을 되뇌어주세요

다만 잊지는 마세요
말없이 영혼으로도 사랑하는 것을.

내 마음의 고삐

정채봉

내 마음은
나한테 없을 때가 많다.
거기 가면 안 된다고
타이르는데도 어느새
거기 가 있곤 한다.

거기는 때로
고향이기도 하고,
쇼무대이기도 하고,
열차 속이기도 하고,
침대 위이기도 하다.

한때는
눈이 큰 가수한테로
달아나는 내 마음 때문에
고통스러웠다.
아침이슬에 반해서

챙겨오기가 힘들었던 때도
있었다.

저녁노을
겨울바다로 도망한 마음을
수습하는 데도 애를 먹었다.

이제
내 마음은
완전히 너한테 가 있다.
네 눈이 머무는 곳마다에
내 마음 또한 뒤지지 않는다.
너는 내 마음의 고삐인 것이다.

네가 자갈길을 걸으면
내 마음도 돌부리에 걸려서
넘어질 때가 많을 것이다.

네가 가시밭에 머물면
내 마음도 가시밭에서
방황할 것이다.

너는
나를 위해서도
푸른 초원 사이로
맑은 시냇물이 흐르는
거기에 있어야 한다.

너는
내 마음의 고삐이다.
잊지 말아야 한다.

사랑할 때는

윤준경

사랑할 때는
불도 끄지 못했네
사랑할 때는
잠도 들지 못했네
사랑할 때는
꽃도 못보고
사랑밖에는 아무것도
못했네

사랑 엎지를까 봐
모로 눕지도 못했네
뒤도 돌아보지 못했네

그대만 보고 가다가
넘어진 줄도 몰랐네.

너희 사랑

신경림

낡은 교회 담벼락에 쓰여진
자잘한 낙서에서 너희 사랑은 싹텄다
흙바람 맵찬 골목과 불기 없는
자취방을 오가며 너희 사랑은 자랐다
가난이 싫다고 이렇게 살고 싶지는 않다고
반 병의 소주와 한마리 노가리를 놓고
망설이고 헤어지기 여러번이었지만
뉘우치고 다짐하기 또 여러번이었지만
망설임과 헤메임 속에서 너희 사랑은
굳어졌다 새삶 찾아 나서는
다짐 속에서 너희 사랑은 깊어졌다
돌팔매와 최루탄에 찬 마룻바닥과
푸른 옷에 비틀대기도 했으나

소주집과 생맥주집을 오가며
다시 너희 사랑은 다져졌다
그리하여 이제 너희 사랑은
낡은 교회 담벼락에 쓰여진
낙서처럼 눈에 익은 너희 사랑은
단비가 되어 산동네를 적시는구나
훈풍이 되어 산동네를 누비는구나
골목길 오가며 싹튼 너희 사랑은
새삶 찾아 나서는 다짐 속에서
깊어지고 다져진 너희 사랑은

당신이 날 사랑해야 한다면

E. B. 브라우닝

당신이 날 사랑해야 한다면 오로지
사랑을 위해서만 사랑해주세요
미소 때문에, 미모 때문에 부드러운 말씨 때문에
그리고 또 내 생각과 잘 어울리는 재치 있는 생각 때문에,
그래서 그런 날엔 나에게 느긋한 즐거움을 주었기 때문에
"그녀를 사랑해"라고는 정말이지 말하지 마세요
사랑하는 이여, 그러한 것은
그 자체가 변하거나 당신으로 하여금 변할 테니까요
그러기에 그처럼 짜여진 사랑은
그처럼 풀려 버리기도 한답니다
내 뺨의 눈물을 닦아주는
당신의 사랑어린 연민으로도
날 사랑하진 마세요
당신의 위로를 오래 받았던 사람은 울음을 잊어 버려
당신의 사랑을 잃게 될지도 모르니까요
오로지 사랑을 위해서만 날 사랑해주세요
그래서 언제까지나 언제까지나
당신이 사랑을 누리실 수 있도록,
영원한 사랑을 위해…

처음엔 당신의 착한 구두를 사랑했습니다

성미정

처음엔 당신의 착한 구두를 사랑했습니다 그러다 그 안에 숨겨진 발도 사랑하게 되었습니다 다리도 발 못지않게 사랑스럽다는 걸 알게 되었습니다 어느 날 당신의 머리까지 그 머리를 감싼 곱슬머리까지 사랑하게 되었습니다

당신은 저의 어디부터 시작했나요 삐딱하게 눌러쓴 모자였나요 약간 휘어진 새끼손가락이었나요 지금 당신은 저의 어디까지 사랑하나요 몇 번째 발가락에 이르렀나요 혹시 아직 제 가슴에만 머물러있는 건 아닌가요 대답하지 않으셔도 됩니다 제가 그러했듯 당신도 언젠가 저의 모든 걸 사랑하게 될 테니까요

구두에서 머리카락까지 모두 사랑한다면 당신에 대한 저의 사랑은 더 이상 갈 곳이 없는 것 아니냐고요 이제 끝난 게 아니냐고요 아닙니다 처음에 당신의 구두를 사랑했습니다 이제는 당신의 구두가 가는 곳과 손길이 닿는 곳을 사랑하기 시작합니다 언제나 시작입니다

아니다, 아니다

김대규

저건 꽃이에요 하고
네가 가리키면
돌멩이 하나가 금방 꽃이 되고,
저건 노래예요 하면
시냇물 한 자락이
그렇듯 오선지(五線紙)가 된다.

저건 춤이에요.
바람이 그렇다고 한다.
저건 꿈이에요.
구름이 그렇다고 한다.
저건 이별이에요.
갈대가 그렇다고 한다.
저건 죽음이에요.
낙엽이 그렇다고 한다.
사랑은 어디 있나요?
아무 대답이 없다.

아니다, 아니다.
사랑은 바로 너다.

그대에게

안도현

괴로움으로 하여
그대는 울지 말라
마음이 괴로운 사람은
지금
누군가를
사랑하고 있는 사람이니
아무도 곁에 없는 겨울
홀로 춥다고 떨지 말라

눈이 내리면
눈이 내리는 세상 속으로
언젠가 한번은 가리라 했던
마침내 한번은 가고야 말 길을
우리 같이 가자
모든 첫 만남은
설레임보다 두려움이 커서
그대의 귓불은 빨갛게 달아오르겠지만

떠난 다음에는
뒤를 돌아보지 말 일이다
걸어온 길보다
걸어갈 길이 더 많은 우리가
스스로 등불을 켜 들지 않는다면
어느 누가 있어
이 겨울 한 귀퉁이를
밝히려 하겠는가

가다 보면 어둠도 오고
그대와 나
그때 쓰러질 듯 피곤해지면
우리가
세상 속을 흩날리며
서로서로 어깨 끼고 내려오는
저 수많은 눈발 중의 하나인 것을
생각하자

부끄러운 것은 가려주고
더러운 것은 덮어주며
가장 낮은 곳으로부터
찬란한 한 세상을 만들어 가는
우리

가난하기 때문에
마음이 따뜻한 두 사람이 되자
괴로움으로 하여 울지 않는
사랑이 되자

그 누가 알겠는가 사랑을

롱사르

아무도 모르리
사랑이 어떻게 나를 지배하는지
어떻게 나에게 들어와 나를 정복하는지
어떻게 내 마음을 태우고 또 얼어붙게 하는지
아무도 모르리

사랑이 왜 우리를 불행하게 하는지
허상을 좇기에 바쁜 젊은 날이
나에게도 찾아온 것을
사랑은 나의 고통을
그리고 나를 지배하는
그 가혹함을 알게 되리

사랑은 알고 있네
우리 마음이 노예가 되기를 원할 때
잠시 맞서보는 이성의 힘이
얼마나 나약한지
사랑은 알고 있네

독약을 가득 머금은
사랑의 가시를 간직하는 것이
얼마나 행복한지를

네가 가던 그 날은 나의 가슴이 부질없는 눈물에 젖어 있었다.

아픈 가을

돌아서서 걷는 마음에

바람이 붑니다

마음의 지도*

이문재

몸에서 나간 길들이 돌아오지 않는다
언제 나갔는데 벌써 내 주소 잊었는가 잃었는가
그 길 따라 함께 떠난 더운 사랑들
그러니까 내 몸은 그대 안에 들지 못했더랬구나
내 마음 그러니까 그대 몸 껴안지 못했더랬었구나
그대에게 가는 길에 철철 석유 뿌려놓고
내가 붙여댔던 불길들 그 불의 길들
그러니까 다 다른 곳으로 달려갔더랬구나
연기만 그러니까 매캐했던 것이구나

* 빈센트 워드 감독의 영화 제목

편지

김남조

　그대만큼 사랑스러운 사람을 본 일이 없다 그대만큼 나를 외롭게 한 이도 없었다 이 생각을 하면 내가 꼭 울게 된다

　그대만큼 나를 정직하게 해준 이가 없었다 내 안을 비추는 그대는 제일로 영롱한 거울, 그대의 깊이를 다 지나가면 글썽이는 눈매의 내가 있다 나의 시작이다

　그대에게 매일 편지를 쓴다
한 귀절 쓰면 한 귀절을 와서 읽는 그대, 그래서 이 편지는 한 번도 부치지 않는다

그대 귓가에 닿지 못한 한마디 말

정희성

한 처음 말이 있었네
채 눈뜨지 못한
솜털 돋은 생명을
가슴 속에서 불러내네

사랑해

아마도 이 말은 그대 귓가에 닿지 못한 채
허공을 맴돌다가
괜히 나뭇잎만 흔들고
후미진 내 가슴에 돌아와
혼자 울겠지

사랑해

때늦게 싹이 튼 이 말이
어쩌면
그대도 나도 모를
다른 세상에선 꽃을 피울까 몰라
아픈 꽃을 피울까 몰라

서리꽃

유안진

손발이 시린 날은
일기를 쓴다

무릎까지 시려오면
편지를 쓴다
부치지 못할 기인 사연을

작은 가슴마저 시려드는 밤이면
임자 없는 한 줄의 시(詩)를 찾아 나서노니

사람아 사람아
등만 뵈는 사람아

유월에도 녹지 않는
이 마음을 어쩔래

육모 서리꽃
내 이름을 어쩔래.

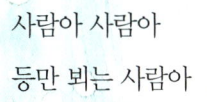

그대 없이는

헤르만 헤세

밤이면 나의 베개는
비석처럼 날 덧없이 바라본다
홀로 있는 것이,
당신의 머리카락에 싸여 있지 않는 것이,
이처럼 쓰라리다는 것은 미처 몰랐다.

적막한 집에 홀로 누워
등불을 끄고는
당신의 손을 잡으려고
가만히 두 손을 뻗으며,
뜨거운 입술을 살며시 당신 입에 대고
지치기까지 애무한다.

그러나 갑자기 눈을 뜨면
주위엔 차가운 밤이 깔리고
창에는 별이 빛나고 있다
아, 그대의 금발은 어디 있는가?
달콤한 그 입술은 어디 있는가?

지금은 어느 기쁨도 슬픔이 되고,
포도주 잔마다 독이 된다
홀로 있는 것,
홀로 당신 없이 있다는 것,
그것이 이리 쓰린 것은 미처 몰랐다.

不醉不歸

허수경

어느 해 봄그늘 술자리였던가
그때 햇살이 쏟아졌던가
와르르 무너지며 햇살 아래 헝클어져 있었던가 아닌가
다만 마음을 놓아보낸 기억은 없다

마음들끼리는 서로 마주보았던가 아니었는가
팔 없이 안을 수 있는 것이 있어
너를 안았던가
너는 경계 없는 봄그늘이었는가

마음은 길을 잃고
저 혼자
몽생취사하길 바랐으나
가는 것이 문제였던가, 그래서
갔던 길마저 헝클어뜨리며 왔는가 마음아

나 마음을 보내지 않았다
더는 취하지 않아
갈 수도 올 수도 없는 길이
날 묶어
더 이상 안녕하기를 원하지도 않았으나
더 이상 안녕하지도 않았다

봄그늘 아래 얼굴을 묻고
나 울었던가
울기를 그만두고 다시 걸었던가
나 마음을 놓아보낸 기억만 없다

혼자 가는 먼 집/1992/문학과 지성사

은행나무 그늘

백기만

훌륭한 그이가 우리 집을 찾아왔을 때
이상하게도 두 뺨이 타오르고 가슴은 두근거렸어요
하지만, 나는 아무 말도 없이 바느질만 하였어요.
훌륭한 그이가 우리 집을 떠날 때에도
여전히 그저 바느질만 하였어요
하지만, 어머니, 제가 무엇을 그이에게 선물하였는지 아십니까?

나는 그이가 돌아간 뒤에 뜰 앞 은행나무 그늘에서
달콤하고도 부드러운 노래를 불렀어요
우리집 작은 고양이는 봄볕을 흠뻑 안고 나무가리 옆에 앉아
눈을 반만 감고 내 노래소리를 듣고 있었어요
하지만, 어머니, 내 노래가 무엇을 말하였는지 누가 아시리까?

저녁이 되어 그리운 붉은 등불이 많은 꿈을 가지고 왔을 때
어머니는 젖먹이를 잠재우려 자장가를 부르며 아버지 기다리시는데
나는 어머니 방에 있는 조그만 내 책상에 고달픈 몸을 싣고
뜻도 없는 책을 보고 있었어요

하지만, 어머니, 제가 무엇을 그 책에서 보고 있었는지 모르시리다.

어머니, 나는 꿈에 그이를, 그이를 보았어요
흰 옷 입고 초록 띠 드리운 성자 같은 그이를 보았어요
그 흰 옷과 초록 띠가 어떻게 내 마음을 흔들었는지 누가 아시리까?
오늘도 은행나무 그늘에는 가는 노래가 떠돕니다
고양이는 나무가리 옆에서 어제같이 졸고요
하지만, 그 노래는 늦은 봄바람처럼 괴롭습니다.

별과의 일박

이성목

너를 사랑하는 날은 몸이 아프다
너는 올 수 없고 아픈 몸으로 나는 가지 못한다
사랑하면서 이 밝은 세상에서는 마주 서지 못하고
우리는 왜 캄캄한 어둠 속에서만 서로를 인정해야 했는가
지친 눈빛으로만 아득하게 바라보고 있어야 했는가
바라보다가 죽어도 좋겠다고 너를
바라보다가 죽어도 좋겠다고 나는
한숨도 못 자고 유리 없는 창문을 열었다가
닫았다 우리 이미 늦었다고 생각했을 때
어디선가 별이 울음소리를 내며 흘러갔고
어디선가 꽃이 앓는 소리를 내며 돌아왔다
그건 언제였던가
어깨 위로 비가 내리고 빗방울 가슴 치며 너를 부르던 날
그때 끝이 났던가 끝나지는 않았던가
울지 말자 사랑이 남아 있는 동안은
누구나 마음이 아프다고
외로운 사람들이 일어나 내 가슴에 등꽃을 켜 준다
가난한 사람들이 먼저 일어나 별빛을 꺼 준다

외로운 사람들이 일어나
내 가슴에 등꽃을 켜 준다

사랑한 뒤에

시먼즈

이제 헤어지다니, 이제 헤어져
다시는 만나지 못하게 되다니
영원히 끝나다니 나와 그대
기쁨을 가지고 또 슬픔을 지니고

이제 우리 서로 사랑해서 안 된다면
만남은 너무나, 너무나도 괴로운 일
지금까지는 만남은 즐거움이었으나
그 즐거움은 이미 지나가 버렸다

우리 사랑 이제 모두 끝났으면
만사를 끝내자, 아주 끝내자
나, 지금까지 그대의 애인이었으면
새삼 친구로 굽힐 수야 없지 않는가

불면

안현희

한밤중에 누군가 보고싶다 생각하면
숲도 잠 못 들고
바람도 잠 못 들고
뭇 별을 헤는 어둠도 잠 못 들고
누가 보고 싶은지
분명칠 않는데도
뒤척이며 뒤척이며
숲도 돌아 눕고
바람도 돌아 눕고
한밤을 곰곰이 생각해 보아도
뜻대로는 정녕코
가 닿을 수 없음을 알고 있는데
감을수록 뜨여오는 영혼의 눈은
한밤중에 누군가 그립다 생각하면
숲도 잠 못 들고
바람도 잠 못 들고
어둠을 휘감은 나도 잠 못 들고.

그 사랑에 대해 쓴다

유하

아름다운 시를 보면
그걸 닮은 삶 하나 낳고 싶었다
노을을 바라보며
노을빛 열매를 낳는 능금나무처럼

한 여자의 미소가 나를 스쳤을때
난 그녀를 닮은 사랑을 낳고 싶었다
점화된 성냥불빛 같았던 시절들, 뒤돌아보면
그 사랑을 손으로 빚고 싶다는 욕망이
얼마나 많은 열정의 몸짓들을 낳았던 걸까
그녀를 기다리던 교정의 꽃들과
꽃의 떨림과 떨림의 기차와
그 기차의 희망,
내가 앉았던 벤치의 햇살과
그 햇살의 짧은 키스

밤이면 그리움으로 날아가던
내 혀 속의 푸른 새
그리고 죽음조차도 놀랍지 않았던 나날들

그 사랑을 빚고 싶은 욕망이 나를 떠나자,
내 눈 속에 살던 그 모든 풍경들도 사라졌다
바람이 노을의 시간을 거두어 가면
능금나무 열매의 환한 빛도 꺼지듯

그대가 내게 보내는 것

박재삼

못물은 찰랑찰랑
넘칠 듯하면서 넘치지 않고
햇빛에 무늬를 주다가
별빛 보석도 만들어 낸다.

사랑하는 사람아,
어쩌면 좋아!
네 눈에 눈물 괴어
흐를 듯하면서 흐르지 않고
혼백만 남은 미루나무 잎사귀를,
어지러운 바람을,
못 견디게 내게 보내고 있는데!

네가 가던 그 날은

김춘수

네가 가던 그 날은
나의 가슴이
가녀린 풀잎처럼 설레이었다

하늘은 그린 듯이 더욱 푸르고
네가 가던 그 날은
가을이 가지 끝에 울고 있었다

구름이 졸고 있는
산마루에
단풍잎 발갛게 타며 있었다

네가 가던 그 날은
나의 가슴이
부질없는 눈물에
젖어 있었다

빈 집

기형도

사랑을 잃고 나는 쓰네

잘 있거라, 짧았던 밤들아
창밖을 떠돌던 겨울 안개들아
아무것도 모르던 촛불들아, 잘 있거라
공포를 기다리던 흰 종이들아
망설임을 대신하던 눈물들아
잘 있거라, 더 이상 내 것이 아닌 열망들아

장님처럼 나 이제 더듬거리며 문을 잠그네
가엾은 내 사랑 빈집에 갇혔네

고엽

J. 프레베르

오, 네가 기억해 주었으면
우리가 사랑했던 행복했던 시절을
그때는 인생은 더없이 아름답고
태양은 지금보다 더 뜨거웠지
고엽은 삽 속에 그러담기는데

나는 잊지 않았지
추억도 회한도 그런 고엽과 같다는 걸
고엽은 삽 속에 그러담기고
폭풍은 차가운 망각의 어둠 속으로
그걸 싣고 가버리네

나는 잊지 않았지
네가 내게 불러주던 그 노래를
그것은 우리를 닮은 노래
넌 나를 사랑하고
난 너를 사랑했지
우린 둘이서 함께 살았지

나를 사랑하던 너와
너를 사랑하던 나는

하지만 인생은 사랑하던 사람들을
조금씩 소리도 없이
갈라놓아 버리고
바다는 맺어지지 않는 연인들의
발자국을 모래 위에서 지워버리네

고엽은 삽 속에 그러담기는데
추억도 회한도 그러담기는데
하지만 말없고 변함없는 내 사랑은
언제나 웃으며 인생에 감사하네

난 너를 얼마나 사랑했던가
넌 그토록이나 아름다웠지
내 어찌 너를 잊어버리리

그때는 인생은 더없이 아름답고
태양은 지금보다 더 뜨거웠지
넌 내 가장 사랑하는 친구였네
그러나 후회해 무엇하리

네가 내게 불러주던 그 노래를
내 언제까지나 언제까지나 듣고 있으리니
그것은 우리를 닮은 노래

넌 나를 사랑하고
난 너를 사랑했지
우린 둘이서 함께 살았지
나를 사랑하던 너와
너를 사랑하던 나는

하지만 인생은 사랑하던 사람들을
조금씩 소리도 없이
갈라놓아 버리고
바다는 맺어지지 않는 연인들의
발자국을 모래 위에서 지워버리네

헤어지고 싶지 않아요

R. 브리지즈

헤어지고 싶지 않아요.
이것이 한 달 남짓한 사랑의 결말입니까?
결말이 진다고 생각하시나요?
단 한번의 키스만으로
헤어지고 싶지 않아요.

헤어지고 싶지 않아요.
상냥한 남쪽바람이 민들레를 지게 하듯이
당신의 말로 위협을 하여
이미 벌어진 일을 몰아내려고
생각하신다면 헤어지기도 하겠지만
헤어지고 싶지 않아요.
해님이 보시지 않았다면 상관없어요.
거짓을 폭로하는 것을
해님이 싫어하신다면
그때는 헤어지겠어요.

헤어지고 싶지 않아요.
여름 밤하늘에 떼 짓는 별들이

수없이 눈을 반짝거려 우리들을
높은 데서 지켜보고 있었던 걸요.
헤어지는 것은 싫어요.

헤어지고 싶지 않아요.
늦게 돋았느니 빨리 졌느니 하고
바람둥이 달에게 이것저것
불평을 늘어놓던 우리들인데
어찌 헤어질 수 있겠어요.

헤어지고 싶지 않아요.
봉오리를 피기 전에 꺾인 꽃도
기꺼이 졌잖아요.
우리들의 맹세는 굳어만 가는데
도저히 헤어질 수는 없어요.

헤어지고 싶지 않아요.
제 손으로 잡고 있겠어요.
안녕이라고 하시더라도 꼬옥 잡고서
당신을 놓지는 않겠어요.

이렇게 될 줄을 알면서도

조병화

이렇게 될 줄을 알면서도
당신이 무작정 좋았습니다

서러운 까닭이 아니올시다
외로운 까닭이 아니올시다

사나운 거리에서 모조리 부스러진
나의 작은 감정들이
소중한 당신 가슴에 안겨들은 것입니다

밤이 있어야 했습니다
밤은 약한 사람들의 최대의 행복
제한된 행복을 위하여 밤을 기다려야 했습니다

눈치를 보면서
눈치를 보면서, 걸어야 하는 거리
연애도 없이 비극만 깔린 이 아스팔트
어느 이파리 아스라진 가로수에 기대어

별들 아래
당신의 검은 머리카락이 있어야 했습니다

나보다 앞선 벗들이
인생을 걷잡을 수 없이 허무한 것이라고
말을 두고 돌아들 갔습니다

벗들의 말을 믿지 않기 위하여
나는
온 생명을 바치고 노력을 했습니다

인생이 걷잡을 수 없이 허무하다 하더라도
나는 당신을 믿고
당신과 같이 나를 믿어야 했습니다

살아 있는 것이 하나의 최후와 같이
당신의 소중한 가슴에 안겨야 했습니다

이렇게 될 줄을 알면서도
이렇게 될 줄을 알면서도

그 섬에 가고싶다

옥영경

불을 찾아놓고 보니
왼손에도 담배
입에도 담배
오른손은 또 담배갑에 가 있었다
창문을 열어 두어도
빠져나가지 못하는 담배 연기는
머리를 열어 두어도
문턱에 걸리는 기억
취기도 빠져나가는데
영악하지 못한 너만 머문다
그 섬에 가고 싶다
찰랑대지 않는 게 없는 섬
논가 도랑물까지
사람, 사람, 찰랑거리는 사람
그 섬에 가고 싶다

내게도 고향이 있던가
기다리마셨던 할머니 가고
그렇게 고향도 가고
출렁이던 섬도
삶에 빛으로 다시 서는 섬
나이는 이렇게 오는가
세월을 비껴가지 못하고

한 여자를 사랑했습니다

원태연

인간이 얼마 만큼의 눈물을 흘려낼 수 있는지 알려준
한 여자를 사랑했습니다
사진을 보지 않고도 그 순간 그 표정 모두를 떠올리게 해주는
한 여자를 사랑했습니다
비오는 수요일 저녁, 비오는 수요일에는
별 추억이 없었는데도 장미 다발에 눈여겨지게 하는
한 여자를 사랑했습니다
멀쩡히 잘 살고 있던 사람 멀쩡한데도 잘 못 살게 하고 있는
한 여자를 사랑했습니다
신이 잠을 자라고 만드신 밤을 꼬박 뜬 눈으로 보내게 만드는
한 여자를 사랑했습니다
강아지도 아닌데 그 냄새 그리워 먼 산 바라보게 만드는
한 여자를 사랑했습니다
우연히 들려오는 노래가사 한 구절 때문에
중요한 약속 망쳐버리게 만드는
한 여자를 사랑했습니다
껌 종이에 쓰여진 혈액형 이성 관계까지 눈여겨지게 만드는
한 여자를 사랑했습니다

스포츠 신문 오늘의 운세에 애정운이 좋다 하면
하루 종일 휴대폰에 신경 쓰게 만드는
한 여자를 사랑했습니다
썩 마음에 들어오지 않았던 내 이름을 참 따뜻하게 불러주었던
한 여자를 사랑했습니다
그날 그 순간의 징크스로 사람 반 병신 만들어 놓은
한 여자를 사랑했습니다
담배연기는 먹어버리는 순간 소화가 돼
아무리 태워도 배가 부르지 않다는 걸 알려준
한 여자를 사랑했습니다
목선이 아름다우면 아무리 싸구려 목걸이를 걸어주어도
눈이 부시게 보인다는 걸 알려준
한 여자를 사랑했습니다

모르겠습니다, 그 여자도 나를 사랑하고 있을지는
그저 모든 이유를 떠나
내 이름 참으로 따뜻하게 불러주었던
한 여자만 사랑하다 가겠습니다

당신은 아십니까

이준호

당신은 아십니까
내가 당신을 생각하고 나면
꼭 가슴이 아파 온다는 것을,
그리고는 꼭 눈시울이 뜨거워져
시선을 한 곳에 둘 수 없다는 것을
당신은 아십니까

당신은 아십니까
내가 말로 하지 못한 당신 향한 마음이
이제는 감당하기 어려운 한숨이라는 것을,
그리고 그 한숨 속에서
내가 날마다 당신의 이름을 부르고 만다는 것을
당신은 아십니까

당신은 아십니까
날씨가 너무 좋은 날만 골라서
내가 슬퍼해야 한다는 것을,
그런 날에는 당신이 더욱 더 그리워져
머리 속에 온통 당신만 가득해진다는 것을,
그래서 결국
내가 솜이불에 얼굴을 묻고
오지 않는 잠을 청해야 한다는 것을
당신은 아십니까

당신은 아십니까
내가 조금씩 당신을 담아 놓기 시작한 것이
이제는 나도 어쩌지 못할 만큼
나의 가슴에 돌덩이처럼 커져 있다는 것을,

그래서 내가 나의 의지만으로는
살아가기에 힘이 든다는 것을
당신은 아십니까

당신은 아십니까
그래도 자꾸만 가슴 더 깊은 곳에
당신을 넣어 두고 있다는 것을,
그래서 내가 온통 당신으로 가려져 있다는 것을
당신은 아십니까
날마다 내 가슴에 당신 얼굴을 걸고
살아가야 한다는 것을
당신은 아십니까.

사랑

이산하

망치가 못을 친다
못도 똑같은 힘으로
망치를 친다

나는
벽을 치며 통곡한다

사랑은 언제나 시작만 있는 것, 사랑은 끝이 없다네

그리운 겨울

그대 그리운 마음이

　　　　　　노래가 됩니다

백치 애인

신달자

나에겐 백치 애인이 있다.

그 바보의 됨됨이가 얼마나 나를 슬프게 하는지 모른다. 내가 얼마나 저를 사랑하는지를, 그리워하는지를 그는 모른다. 별볼일 없이 우연히, 정말이지 우연히 저를 만나게 될까봐서 길거리의 한 모퉁이를 지켜서 있는지를 그는 모른다. 제 단골 다방에서 다방문이 열릴 때마다 불길같은 애수의 눈을 쏟고 있는지를 그는 모른다. 길거리에서 백화점에서 또는 버스 속에서 시장에서, 행여 어떤 곳에도 네가 나타날 수 있으리라는 착각에 긴장된 얼굴을 하고 사방을 두리번거리는 이 안타까움을 그는 모른다. 밤이면 밤마다 네게 줄 편지를 쓰고 또 쓰면서 결코 부치지 못하는 이 어리석음을 그는 모른다.

그는 아무것도 모른다. 적어도 내게 있어선 그는 아무것도 볼 수 없는 장님이며, 내 목소리를 듣지 못하는 귀머거리이며, 내게 한 마디 말도 해 오지 않으니 그는 벙어리이다.

바보 애인아. 너는 나를 떠난 그 어디서나 총명하고 과감하면서, 내게 와서 너는 백치가 되고 바보가 되는가.

그러나 나는 백치인 너를 사랑하며 바보인 너를 좋아한다. 우리가 불로 만나 타오를 수 없고 물로 만나 합쳐 흐를 수 없을 때, 너는 차라리 백치임이 다행이었을 것이다. 너는 그것을 알 것이다.

바보 애인아. 너는 그 허허로운 결과를 알고 먼저 네 마음을 돌처럼 굳혔는가. 그 돌같은 침묵속으로 네 감정을 가두어두면서 스스로 너는 백치가 되어서 사랑을 영원하게 하는가.

바보 애인아. 세상은 날로 적막하여 제 얼굴을 드러내는 것이 큰 과업처럼 야단스럽고 또한 그처럼도 못하는 자는 절로 바보가 되기도 하는 세상이다. 그래, 바보가 되자. 바보인 너를 내가 사랑하고 백치인 네 영혼에 나를 묻으리라.

바보 애인아. 거듭 부르는 나의 백치 애인아. 잠에 빠지고 그 마지막 순간에 너를 부르며 잠에서 깬 그 첫 여명의 밝음을 비벼집고 너의 환상을 좇는 것을 너는 모른다. 너는 너무 모른다. 정말이지 너는 바보, 백치인가.

그대 백치이다. 우리는 바보가 되자. 이 세상에 아주 제일가는 바보가 되어서 모르는 척하며 살자. 기억속의 사람은 되지말며 잊혀진 사람도 되지말며 이렇게 모르는 척 살아가자. 우리가 언제 악수를 나누었으며 우리가 언제 마주 앉아 차를 마셨던가. 길을 걷다가 어깨를 부딪고 지나가는 아무 상관없는 행인처럼 그렇게 모르는 척 살아가는 거다.

바보 애인아. 아무 상관없는 그런 관계에선 우리에게 결코 이별은 오지 않을 것이다.

너는 나의 애인이다. 백치 애인이다.

비가

유하

비가 내립니다
그대가 비 오듯 그립습니다
한 방울의 비가 아프게 그대 얼굴입니다
한 방울의 비가 황홀하게 그대 노래입니다
유리창에 방울 방울 비가 흩어집니다
그대 유리창에 천갈래 만갈래로 흩어집니다
흩어진 그대 번개 속으로 숨어버립니다
흩어진 그대 천둥 속으로 숨어버립니다
내 눈과 귀, 작달비가 등 떠밀고 간 저 먼 산처럼
멀고 또 멉니다
그리하여 빗속을 젖은 바람으로 휘몰아쳐가도
그대 너무 멀게 있습니다
그대 너무 멀어서 이 세상
물밀듯 비가 내립니다
비가 내립니다
그대가 빗발치게 그립지 않은 적이 없습니다

바람부는 날이면 압구정동에 가야 한다/1994/문학과 지성사

문디 눈사람

양전형

　가징기 니 그리분 생각과 든든한 뚝방길 같은 숯검뎅이 눈썹 아래 아무도 모리게 그리분 생각 감추느라 찡긋하고 있는 저수지 닮은 눈 둘 뿌잉기라 가난타케도 내는 니 밖에 바라는 기 없지러 모두 다 가쁠고나믄 어차피 내는 혼자 될끼고마 이 겨울 다 가도록 내는 니 생각만 할끼다 니 생각만 하믄 내 가슴 엄청시리 뜨셔진다카이 내는 니한테만 녹는 기라 니한테 녹아 지워진다케도 니만 억수로 사랑할끼다 저수지 위를 감도는 바람이 무시로 와가 이자뿌라 이자뿌라 귀엣말 자꾸 해쌀끼다만 아무리 그칸다케도 내는 이리 말할끼다 가만 놔두이소 지발 가만좀 놔두이소 마! 내는 녹아서 저수지 물처럼 될낌니더 얼었다 녹았다 캐싸면서 그리붐으로 출렁이는 저수지말임니더 세상사람들이 그런 내맘 우예 알겠능교

　니는 알제?

그대의 별이 되어

허영자

사랑은
눈 멀고
귀 먹고
그래서 멍멍히 괴어 있는
물이 되는 일이다

물이 되어
그대의 그릇에
정갈히 담기는 일이다

사랑은
눈 뜨이고
귀 열리고
그래서 총총히 빛나는
별이 되는 일이다

별이 되어
그대 밤하늘을
잠 안 자고 지키는 일이다

사랑은
꿈이다가 생시이다가
그 전부이다가
마침내
아무것도 아닌 것이 되는 일이다

아무것도 아닌 것이 되어
그대의 한 부름을
고즈넉이 기다리는 일이다.

그리움

유치환

오늘은 바람이 불고
나의 마음은 울고 있다.
일찌기 너와 거닐고 바라보던 그 하늘 아래 거리언마는
아무리 찾으려도 없는 얼굴이여.
바람 센 오늘은 더욱 더 그리워
진종일 헛되이 나의 마음은
공중의 깃발처럼 울고만 있나니
오오, 너는 어드매 꽃같이 숨었느냐.

오늘 같은 날

남유정

부풀어 오른 꽃망울에 기대어
햇살이 눈부십니다
나목(裸木)의 숲을 사뿐이 딛고 온 바람에
푸릇함이 밀물처럼 가득 차 오르는
오늘 같은 날
당신의 마음을 열어보면
그리움이 꽃물처럼 번지며
흘러갈 것 같습니다

즐거운 편지

황동규

1

내 그대를 생각함은 항상 그대가 앉아 있는 배경에서 해가 지고 바람이 부는 일처럼 사소한 일일 것이나 언젠가 그대가 한없이 괴로움 속을 헤매일 때에 오랫동안 전해오던 그 사소함으로 그대를 불러보리라.

2

진실로 진실로 내가 그대를 사랑하는 까닭은 내 나의 사랑을 한없이 잇닿은 그 기다림으로 바꾸어버린 데 있었다. 밤이 들면서 골짜기엔 눈이 퍼붓기 시작했다. 내 사랑도 어디쯤에선 반드시 그칠 것을 믿는다. 다만 그때 내 기다림의 자세를 생각하는 것뿐이다. 그 동안에 눈이 그치고 꽃이 피어나고 낙엽이 떨어지고 또 눈이 퍼붓고 할 것을 믿는다.

나룻배와 행인

한용운

나는 나룻배.
당신은 행인.

당신은 흙발로 나를 짓밟습니다.
나는 당신을 안고 물을 건너갑니다.
나는 당신을 안으면 깊으나 얕으나 급한 여울이나 건너갑니다.

만일 당신이 아니 오시면, 나는 바람을 쐬고 눈비를 맞으며 밤에서 낮까지 당신을 기다리고 있습니다.
당신은 물만 건너면 나를 돌아보지도 않고 가십니다 그려.

그러나 당신이 언제든지 오실 줄만은 알아요.
나는 당신을 기다리면서 날마다 날마다 낡아갑니다.

나는 나룻배.
당신은 행인.

첫눈

김윤희

오늘도 너의 힘으로 나는 걷는다
소식 끊긴 지 석 달 열흘
그 가을은 이제 겨울이 되었다
아직도 아무 소식은 없지만
첫눈 오는 오늘도
너의 힘으로 나는 걷는다

내리는 눈은 머리 꼭대기를 지나
가슴으로 뜨겁게 뜨겁게 쌓이고
가슴에 쌓인 눈물 차갑게 녹아서
물이 되고 드디어
볼 수도 없이 날아가 버리지만

오늘도 나는 잃어버린 너의
힘으로 나는 걷는다.

겨울사랑

문정희

눈송이처럼 너에게 가고 싶다

머뭇거리지 말고

서성대지 말고

숨기지 말고

그냥 네 하얀 생애 속에 뛰어들어

따스한 겨울이 되고 싶다

천년 백설이 되고 싶다

연거푸 세 번 울리다 만 전화

한소원

그대가 아닐 거라고 고개 저으면서도
모두 다 그대이길 바라는
여전한 내 이기심

한 사람의 목소리가
죽도록 그리웠다 말하면
허송세월 보냈다며
비웃을지 모르겠습니다
삼 년이 지나는 지금에서도 여전한 그 큰사랑을
집착이라 말하며 잊으라 할지 모르겠습니다

그대 증오를 낳았다하여
내 사랑의 잉태를 거짓이라
말하지는 말아 주십시오

밥 한 술 뜨지 못한 나입니다
내 생명인 그대를 아무렇게
낙태할 수는 없습니다

연거푸 세 번 울리다 만 전화를
나는
또 떠올리고 있습니다
그대를 또 그리워하고 있단 말입니다.

너의 목소리

오세영

너를 꿈꾼 밤
문득 인기척 소리에 잠이
깨었다.
문턱에 귀대고 엿들을 땐
거기 아무도 없었는데
베개 고쳐 누우면
지척에서 들리는 발자국 소리.
나뭇가지 스치는 소매깃 소리.
아아, 네가 왔구나.
산 넘고 물 건너
누런 해 지지 않는 서역西域 땅에서
나즉히 신발을 끌고 와
다정하게 부르는
너의 목소리,

오냐, 오냐,
안쓰런 마음은 만릿길인데
황망히 문을 열고 뛰쳐나가면
밖엔 하염없이 내리는 가랑비 소리,
후두둑,
댓잎 끝에 방울지는
봄 비 소리.

봄비가 내리면

강우혁

이 겨울이 끝나고 나면
첫 봄비를
나는 다소곳이 맞으리라
춥고 고독한 시간을 함께 견뎌온
외로운 이들과
이제는 다른 길을 가고 있을
그리운 이들을 위해

사랑하겠다는 말로
사랑하지 않겠다는 말로
얼마나 많은 것들이
그리도 쉽게
부질없는 것이 되어버렸던가

더 이상
눈물로 사랑을 기억하진 않으리라
사랑했다는 사실로
아파하지 않으리라

슬픔으로 인해 모든 걸 발견하고
기쁨으로 인해 모든 걸 잊으리라

그리고
이 겨울이 끝나고 나면
첫 봄비를
나는 다소곳이 맞으리라
사랑했던 시간만큼을
잊혀져 가는 모습으로 지켜봐 준
바로 그 누군가를 위해

그만입니다

박성빈

사랑했다 한들 당신이 믿으시겠습니까
내 마음 반의 반만큼이라도
당신이 이해하시겠습니까
밤 새워 그리워 한 그 많은 밤
당신이 헤아려 주시겠습니까
당신을 다시 만나고
내 슬픈 세월 넋두리한들
당신이 울어 주시겠습니까

저는 그만입니다
당신이 이해하지 않아도
내 슬픔 헤아리지 않아도
내 눈물 슬퍼하지 않아도
당신이 살아 계시기에
그만입니다

그만입니다
당신을 사랑했기에

그만입니다
살아서 당신 앞에
내 눈물로 쓴 시를 읽어 드릴 수 있기에

그것만으로도 벅차

이젠 행복합니다.

무수한 너

이승훈

길을 가다가
문득 살펴보면
이 팔도
이 머리도
무수한 너로 덮인다
그렇다 내가
걷는 게 아니다
무수한 네가 걷는다
거리를 걸어가는 너
시장을 보러가는 너
운전을 하는 너
친구들 속에서 더욱
외로워지는 너
해질 무렵 유리창에
물고기를 그리는 너
편지를 쓰는 너
기다리는 너
돌아눕는 너

그런 네가
나를 이룬다
나를 이루고
나를 부수고
다시 이루는
끝없이 돌아가는
무수한 너!

편지

이성복

1
그 여자에게 편지를 쓴다 매일 쓴다
우체부가 가져가지 않는다 내 동생이 보고
구겨버린다 이웃 사람이 모르고 밟아버린다
그래도 매일 편지를 쓴다 길 가다 보면
남의 집 담벼락에 붙어 있다 버드나무 가지
사이에 끼여 있다 아이들이 비행기를 접어
날린다 그래도 매일 편지를 쓴다 우체부가
가져가지 않는다 가져갈 때도 있다 한잔 먹다가
꺼내서 낭독한다 그리운 당신…… 빌어먹을,
오늘 나는 결정적으로 편지를 쓴다

2
안녕
오늘 안으로 나는 記憶을 버릴 거요

오늘 안으로 당신을 만나야 해요 왜 그런지
알아요? 내가 뭘 할 수 있다고 믿기 때문이요
나는 선생이 될 거요 될 거라고 믿어요 사실, 나는
아무것도 가르칠 게 없소 내가 가르치면 세상이
속아요 창피하오 그리고 건강하지 못하오 결혼할 수 없소
결혼할 거라고 믿어요

안녕
오늘 안으로
당신을 만나야 해요
편지 전해줄 방법이 없소

잘 있지 말아요
그리운……

뎡구는 돌은 언제 잠 깨는가/1980/문학과 지성사

나 빈 가슴으로 간다

손남태

헤어짐과 만남이 잦은
오늘
쉬이 덧나기 쉬운
가슴의 상처를 입지 않기 위해
나 빈 가슴으로 거리를 나선다

마음을 비우면
오히려 희망은
자연스런 일상의 모습으로
돌아와
아름다운 하루를 만드리

나 빈 가슴으로 간다
만남에 그 자체 이상의
바람을 꿈꾸지 않으며
헤어짐에 그 의미를 되새기지 않으며
쉬이 변하기 쉬운
오늘
가슴에 흠집 만들지 않기 위해서
나 빈 가슴으로 거리를 나선다

마음을 비우면 오히려 기쁨
그대와 나는
아직 헤어지지 않았다.

Love Letter

김대규

외롭다고 썼다
지운다.

그립다고 썼다
지운다.

보고 싶다고 썼다
지운다.

어서 오라고 썼다
지운다.

그리고는
사랑한다고 쓴다.

그래, 그래
사랑한다.

사랑, 사랑, 사랑한다.

다시
지운다.

세상은
이제 백지(白紙)다.

너를 사랑하는 이유

손남태

내 안에 그리움이 있어
너를 사랑할 수 있는 이유가 된다
그리움이란 젊은 날 한때 있는 것도
산다는 것의 전부도 아니지만
내 안의 그리움이 너를 사랑하는 이유가 된다

얼마큼의 학을 접어 너에게 주고
얼마나 오랫동안 너의 그림자가 되면
나에게 오는 너를 느낄 수 있을까
푸드득 날아갈 새를 접는 슬픔과
키보다 더 큰 그림자가 되려는 고통처럼
아름다운 기다림은 없다

그리움이란
슬픔조차 기쁨으로 여기며
싱긋 웃음을 보이는 모자람
가슴과 가슴이 부딪치며 내는 삶의 소리

사랑해보지 않은 사람은 모릅니다

이준호

사랑해보지 않은 사람은 모릅니다

바다 한가운데 작은 바람도
거듭될수록 감당하기 힘든 파도로
몰아쳐 온다는 것을
그리고
강하게 던져 내면 낼수록
그보다 더 강한 힘으로 되돌아오는
메아리가 된다는 것을
사랑해보지 않은 사람은 모릅니다

누군가를 사랑한다는 것은
반쯤은 나를 포기해야 하는 일인 것을,
그래서
나머지 반의 의지만으로
세상을 살아야 하는 처절한 일인 것을
사랑해보지 않은 사람은 모릅니다
또
한 사람만을 마음에 담아 둔다는 것이

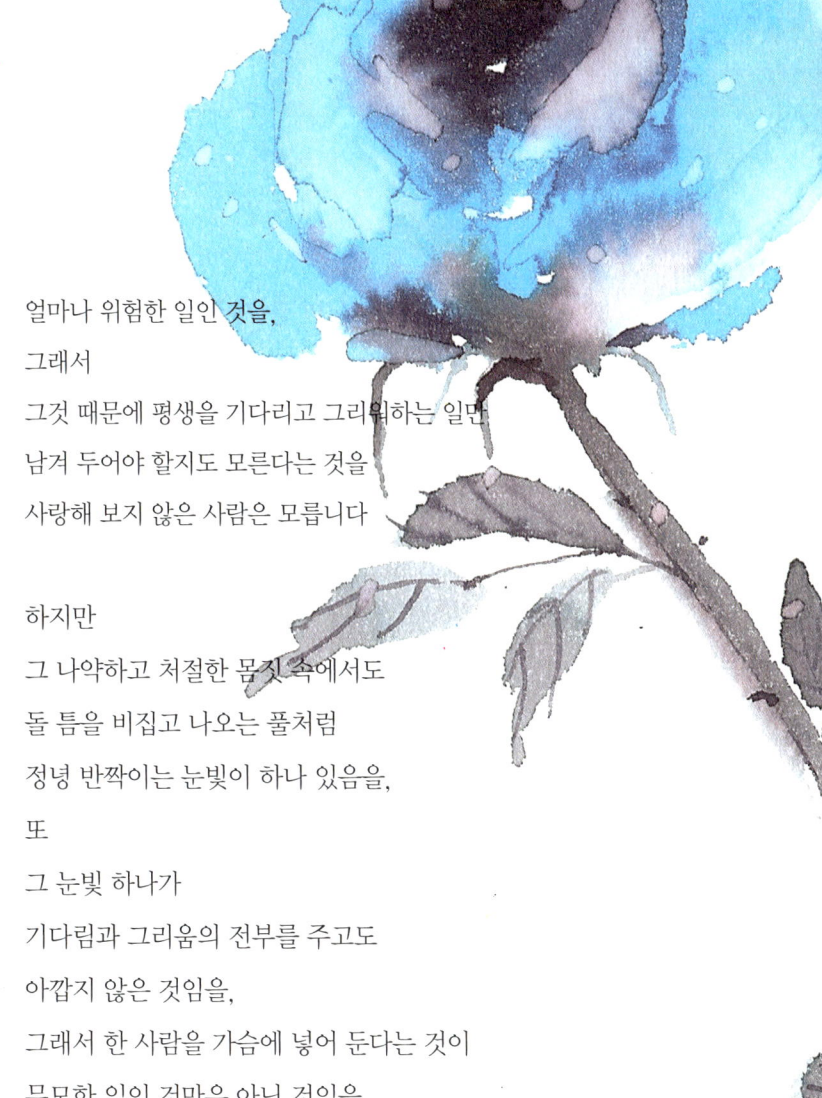

얼마나 위험한 일인 것을,
그래서
그것 때문에 평생을 기다리고 그리워하는 일만
남겨 두어야 할지도 모른다는 것을
사랑해 보지 않은 사람은 모릅니다

하지만
그 나약하고 처절한 몸짓 속에서도
돌 틈을 비집고 나오는 풀처럼
정녕 반짝이는 눈빛이 하나 있음을,
또
그 눈빛 하나가
기다림과 그리움의 전부를 주고도
아깝지 않은 것임을,
그래서 한 사람을 가슴에 넣어 둔다는 것이
무모한 일인 것만은 아닌 것임을
사랑해보지 않은 사람은 모릅니다.

책장을 넘기며

오세영

샛파람 불어
지면은 온통 만남의 이야기다.
연분홍 처녀들의 다소곳한 기다림과
물 건너서 달려온 초록 사내들의 다정한
눈길,
마파람 불어
지면은 온통 사랑의 이야기다.
격정에 휘몰아치던 그날 밤의 폭우와
땀에 흠뻑 젖은 숲들의 가쁜
숨결,
하늬바람 불어
지면은 온통 이별의 이야기다.
잿빛 노을 앞에서
쓸쓸히 손 흔들며 돌아서는 그의
빈 어깨,

된바람 불어
지면은 이제 온통 그리움의 이야기다.
백지 위의 나뒹구는 연필심처럼
눈밭에 우두커니 서 있는 한 그루의 부러진
나목,

바람이 분다
운명의 책장들을 넘긴다.
다시 살아야겠다. *

* 프랑스 시인 발레리의 '해변의 묘지' 에서

사랑은 끝이 없다네

박노해

사랑은 끝이 없다네

사랑에 끝이 있다면
어떻게 그 많은 시간이 흘러서도
그대가 내 마음속을 걸어다니겠는가
사랑에 끝이 있다면
어떻게 그 많은 강을 건너서도
그대가 내 가슴에 등불로 환하겠는가
사랑에 끝이 있다면
어떻게 그대 이름만 떠올라도
푸드득, 한순간에 날아오르겠는가

그 겨울 새벽길에
하얗게 쓰러진 나를 어루만지던
너의 눈물
너의 기도
너의 입맞춤

눈보라 얼음산을 함께 떨며 넘었던
뜨거운 그 숨결이 이렇게도 생생한데
어떻게 사랑에 끝이 있겠는가

별로 타오른 우리의 사랑을
이제 너는 잊었다 해도
이제 너는 지워버렸다 해도
내 가슴에 그대로 피어나는
눈부신 그 얼굴 그 눈물의 너까지는
어찌 지금의 네 것이겠는가

그 많은 세월이 흘러서도
가만히 눈감으면
상처난 내 가슴은 따뜻해지고
지친 내 안에선 세상을 다 얻은 듯한
해맑은 소년의 까치걸음이 날 울리는데
어찌 사랑에 끝이 있겠는가

사랑은 끝이 없다네
다시 길 떠나는 이 걸음도
슬픔으로 길어올린 이 투혼도
나이가 들고
눈물이 마르고
다시 내 앞에 죽음이 온다 해도
사랑은 끝이 없다네

나에게 사랑은
한계도 없고
머무름도 없고
패배도 없고
사랑은 늘 처음처럼
사랑은 언제나 시작만 있는 것
사랑은 끝이 없다네

사랑은 끝이 없다네

159

| 일러두기 |

* 이 책에 수록된 시는 시인들과 출판사 그리고 저작권협회로부터 게재 허락을 받은 것입니다.

사랑하니까, 괜찮아

1판 1쇄 발행일 | 2006년 07월 15일
6쇄 발행일 | 2011년 01월 20일

지은이 | 김용택 외
기 획 | 은영미
편 집 | 은영미, 임경단
삽 화 | 양혜원
발행인 | 이종근
발행처 | 나라원
등 록 | 1988년 4월 25일(제300-1988-64호)
주 소 | 서울시 종로구 창신1동 197-16(우110-541)
전 화 | 02)744-8411 · 팩스 02)745-4399
인터넷 | http://www.narawon.co.kr
E-mail | narawon@narawon.co.kr
ISBN 89-7034-067-X   03810

* 책값은 뒤 표지에 있습니다.
* 잘못 만들어진 책은 구입하신 서점에서 교환해 드립니다.